AF244831

SCÉLÉRATESSE DÉVOILÉE

OU

ROBESPIERRISME

DU DISTRICT DE CIVRAI, DÉPARTEMENT DE LA VIENNE,

Avec quelques Réflexions morales et politiques.

« *Qu'on me donne des esprits droits*
» *et patriotes* etc. , *je gouvernerai le*
» *monde entier* ».... DARGENSON.
Considérations de la France avec
ses voisins.

Par NORBERT-PRESSAC, Fermier-
Cultivateur.

A CIVRAI,

CHEZ MORISSET, IMPRIMEUR;

AN III de la République.

AVERTISSEMENT.

L'IMPRESSION de cet ouvrage a été sollicitée par tant de citoyens, qu'il peut s'y être glissé quelques fautes légères. Mais comme on n'assassine plus avec le secours des mots *fédéralistes*, *suspects* et autres minuties, l'auteur espère la même indulgence que *Phocion* éprouva dans l'*aréopage*. D'ailleurs, si on veut être minutieux avec lui, il dira en silence comme le *Tasse*, *Caraccioli* et autres philosophes : *Avec des mots et des riens, les pédans ne savent jamais se taire, et ils affichent souvent une stérilité d'ésprit qui manque toujours de bonnes raisons....* Si on objecte à l'auteur, pourquoi vous pressez-vous ? il répondra, pressons-nous, citoyens, pressons-nous de détruire la tyrannie ; cessons d'être muets, et finissons d'être agneaux, de peur d'être dévorés par les loups....,

INTRODUCTION.

ON assure que chaque District de la République, fait imprimer son *robespierrisme*, et en démasque la scélératesse......
Pour moi, je crois que, en exceptant la Vendée, Lyon, Marseille, etc. etc., la désolation a été plus commune dans notre District, que dans tout autre de la République... Pour prouver cette assertion, je rappelle à mes concitoyens que, pour avoir signé et certifié que Grandfief et Tribot avoient rempli leurs fonctions publiques avec zèle, probité, honneur et républicanisme, ils ont été menacés mille fois de l'incarcération, et de la mort même !... On n'oubliera jamais que des limiers et singes de terrorisme couroient les campagnes publier que cet acte (de civisme) avilissoit la Représentation nationale, et formoit *un fédéralisme digne de mort* !... Enfin on faisoit croire que tous les signataires de ce certificat de civisme étoient *des gibiers* de guillotine. On publioit encore que, puisque Norbert-Pressac, Augry et Blais étoient détenus sur le *simple soupçon d'avoir signé*

*et promené ces mêmes certificats ; à plus
forte raison, tous les signataires devoient
être incarcérés et plus justement punis.*

En effet, après neuf mois de détention,
l'administration de Civrai nous a déclaré
*que nous n'avions été incarcérés que pour
être suspectés d'avoir signé les certificats*
de Grandfief et Tribot.

Ce bruit répandu mit la terreur et le désespoir dans l'esprit des signataires qui sont
très-nombreux. Il y en a qui m'ont assuré
qu'ils avoient passé six mois sans dormir,
ni manger. Ils s'imaginoient toujours voir
à leur côté des *happechair* pour les arracher
des bras de leurs pères, épouses, enfans et
de leur famille. Des laboureurs signataires
m'ont assuré que le chagrin et l'insomnie
les avoient tellement rendus malades, qu'ils
ne pouvoient même pas tenir la charrue !..
On assure même qu'ils alloient pleurer et
gémir aux pieds du sultan Delattre, du roi
Presle et de leur chancelier Soula, qui
mangeoient, & vendoient des perdrix avec
le secours du terrorisme.

Tout ce que je sais, c'est que le premier
janvier 1794 (vieux style), sortant de la
maison d'arrêt des Carmélites pour aller
gémir dans celle de l'évêche, j'eus la har-

diessé d'entrer chez Ingrand.... Ce *Jupiter* me fit entendre à demi-mot, qu'*avec ses foudres* il pouvoit faire fusiller, noyer, et guillotiner tout ; et ensuite il me montra que, dans le coin de sa chambre, des rames de papier marqué contenoient les rétractations des signataires de l'ouvrage de Grandfief et Tribot. J'irai, me dit-il, encore à Civrai, et nous verrons.... Cette menace me fit frémir. Hélas ! me dis-je à moi-même, que je plains mes concitoyens qui ont donné tant d'argent aux notaires : ils craignent la détention, et ils sont plus malheureux que les détenus. Car l'attente du mal est pire que le mal même, puisqu'avec la crainte du mal on suppose, on multiplie, on exagère, et on ne grossit les objets que pour voir une mort certaine, occasionnée souvent par le marasme ou le *spléen* des Anglais.

En effet, aussi-tôt que ce *Jupiter avec ses foudres* eut fait entendre qu'il me feroit renfermer, je ne dormois ni nuit, ni jour ; je ne mangeois point ; j'avois toujours devant les yeux ma mère accablée sous le poids énorme de l'âge, des infirmités et d'une masse de chagrins. Je regrettois d'avance de quitter deux neveux et une nièce qui m'ont été confiés par une belle-sœur tendre, sensible, mourante, et toujours chère à mon cœur; en me promenant, je disois adieu à ces champs, ces collines, ces prés et ce séjour délicieux où j'admirois continuellement le tableau admirable sur lequel la nature nous prodigue ses trésors et ses bienfaits.... C'est à vous, pères, maris, épouses, enfans et amis des signataires; c'est à vous, cœurs sensibles, à dire combien la crainte a mis vos familles dans le trouble, l'effroi, le dégoût et l'insomnie.... C'est à vous cultivateurs, qui défendez la patrie avec votre charrue, c'est à vous, qui abandonnez vos champs et vos bestiaux, à nous peindre combien la terreur vous a découragés, et a nui aux travaux de l'agriculture. Hélas! Quand le tronc d'un arbre souffre, toutes les branches souffrent, de même en parlant à des épouses et à des enfans que leurs père et mari vont être renfermés, n'est-ce pas leur dire : La famine et la mort vont habiter chez vous. Quand un membre souffre, tous les membres souffrent. *Quando aliquid membrum patitur, omnia membra patiuntur.*

D'après ce foible tableau, quel est l'homme sensible qui ne concluera pas que la crainte de la détention, pire que la

détention même , a fait souffrir le District
de Civrai plus que tous les autres.

D'ailleurs , voir jour et nuit la perte de
son père , son épouse , ses enfans ; voir
en outre la perte de sa liberté et de sa
fortune , je dis que c'est un délire conti-
nuel de désespoir qui égare la raison ,
attaque le moral et le phisique , de manière
que la mort est le plus prompt remède à
tous ces maux : car les angoisses de l'ame
sont mille fois plus cruelles que la douleur
même , elles épuisent et attaquent l'esprit ,
la santé et les organes.

D'après ces preuves qu'on m'a demandées
et que je donne à la hâte , je conclue donc
que , dans le District de Civrai , la terreur
a beaucoup plus préjudicié à la population,
à l'agriculture , à la défense de la patrie ,
que dans tout autre District.

C'est cette considération et la demande
qu'on m'a faite du robespierrisme qui
m'engagent à dévoiler les crimes de nos
terroristes et de leurs singes ; car selon
moi , savoir occuper son temps , dévoiler
les scélérats , c'est la route de la vertu et
du républicanisme. Je pense en outre que
ceux qui se laissent pétrifier par le repos ,
pour ne pas enseigner les devoirs que la

nature et la société imposent aux républicains, je pense que ce sont des lâches,
des fainéans et des paresseux. Bien plus,
j'ai vu si souvent la mort de près, je me
suis si souvent familliarisé avec elle, que
ma propre conscience me dit de n'avoir
point peur de moi-même, ni des autres,
parce que, dans mon ame je n'ai point
[comme les terroristes] des furies qui me
dévorent, ni de torches ardentes du vau-
tour de la fable pour déchirer le coeur de
Prométhée.

Mes lecteurs, après avoir fini de lire cet
opuscule, pourront dire que, si je n'avois
pas été détenu, ni prévenu, je n'aurois
pas écrit le terrorisme de Civrai. Mais ils
ont tort, mes pensées dictent mes écrits et
mes paroles ; je dis ce que je pense, et je
pense ce que je dis : je prêche la vérité à
ceux qui l'aiment, comme à ceux qui la
haïssent ; mes lamentations sont justes,
elles ne sont point le cri de l'amour propre
ni du mécontentement ; mais comme l'abus
est l'hydre de la fable, à qui, quand on
lui coupe une tête, il en naît mille, je
crois que, si les honnêtes gens ne se réu-
nissent pas, les fripons nous tyranniseront
encore, et il ne restera que des coeurs

de fer et de marbre qui dévoreroient la République.

Je n'entends point ici tourmenter les terroristes, mais je veux les faire rougir. Car loin de moi toute basse vengeance qui est un désordre de la nature, je veux imiter tant que je pourrai, *Chrysippe*, *Thalès* et *Socrate*, qui, quoique enfoncés dans les cachots, ne voulurent jamais que leurs calomniateurs prissent partie du poison que ces scélérats leur firent prendre. Je ferai comme Zénon qui rendit ses ennemis, ses amis : je laisse aux Lois à me venger en ce monde, et à Dieu dans l'autre. Loin de moi encore toute dissimulation de mes sentimens, je serai toujours républicain ; mais puisque tant d'ouvrages, et d'amis sensibles peignent tous les jours l'horrible image de la destruction, je veux aussi parler des incarcérations en masse et par fournées proposées dans le District de Civrai ; je veux enfin rassurer mes concitoyens en leur répétant ce que *Fox* a dit en Angleterre : « *La terreur pouvoit peut-être se* » *manifester en France, mais elle ne* » *résuscitera jamais dans la République* » *française* ».

SCÉLÉRATESSE

SCÉLÉRATESSE.

Depuis trois ans j'ai souffert mille morts, et je promène encore mon innocence et mon ame sensibles dans ces bois, ces champs et ces admirables situations que j'avois quittés avec tant de regret, et que je retrouve avec tant de plaisir. Voilà deux ans que je n'ai point entendu le rossignol et la sensible tourterelle. Le chant de ces oiseaux m'a mille fois plus ravi que la voix des hommes : le plaisir que j'ai senti en ce séjour de l'innocence est au dessus de mes expressions et des instrumens de musique.

Assis sur l'herbe, je lis la constitution de Virginie. Je vois qu'en 1775, ce peuple s'assembla sous des chênes. Il pensa que dans le séjour de la campagne on peut juger sainement des lois de la nature, avec les lois politiques ; cette assemblée assise dans une enceinte sur des bancs de gason, et là le peuple choisit trois orateurs pour répondre aux questions : trois vieillards furent élus ; après que ces philosophes eurent remercié le peuple et eurent attiré sur eux des regards de respect et de vénération,

B

« Le premier répondit que le principe
» qui devoit servir de base à la constitution,
» devoit être la liberté , qui consiste à
» n'être commandé que par les lois et à
» ne reconnoître aucun homme supérieur
» à un autre, que par le suffrage du
» peuple.

« Le second dit que la modération,
» qui fixoit les mœurs, mettoit des bornes
» à l'ambition des hommes et réduisoit leur
» volonté, à ce qui étoit permis par les lois.

« Le troisième assura que ce devoit être
» la vertu, laquelle consiste dans l'habi-
» tude des actions utiles à la société, et
» que les lois devoient avoir pour but de
» former et nourrir cette habitude dans
» tous les membres de la République ».

Après cette lecture, je me suis écrié au
fond de mon ame, la modération a été un
crime en France, et en Virginie elle a été
une des principales colonnes de la constitution. Cette vertu a monté le peuple de
Virginie à l'héroïsme le plus sublime et à
toutes les vertus sociales.

Le peuple adopta ces trois principes
avec joie, respect et reconnoissance, et
sembla graver de suite dans son coeur ces
vertus si nécessaires à des républicains.

Ah ! me suis-je dit : pour avoir été ennemi du crime, le titre de *modéré* a manqué faire périr toute ma famille.....! Pour avoir dit qu'il faut peu de lois pour un peuple modéré et vertueux qui ne cherche que la bonté des moeurs, on a violé cinq lois, on a manqué soulever trois communes pour me faire égorger avec mes deux frères. Pour avoir répété souvent que l'union fait la force des états, et que la désunion en fait la ruine totale ; sur un simple soupçon et sans preuve d'incivisme, on m'a ruiné la santé et la bourse. Enfin, pour avoir écrit qu'on perdra la liberté dans des monceaux de cadavres et des ruisseaux de sang, j'ai été regardé comme un *gibier de guillotine à la Piorry*.....! On m'avoit tellement dégoûté de la vie et des hommes, que j'ai désiré mille fois la mort ; et je répète encore que, si la terreur résuscitoit ; si les acteurs des barbares tragédies montoient sur le trône ; si nos moeurs sont encore violées ; si la tyrannie vouloit noyer dans le sang la vertu et l'humanité, si enfin on cherchoit encore à éteindre l'empire de la vertu et le flambeau de la vérité, je souffrirois mille morts plutôt qu'une pareille tyrannie et de pareils carnages. Mais ce qui me rassure, c'est que je pense réellement que l'esprit des scélérats s'est entièrement épuisé, et que l'esprit humain ne s'épuisera jamais; c'est pourquoi j'attaque le vice dans ses horreurs, et je vais dire la vérité avec ses nudités choquantes, pour mes ennemis, leurs agens, leurs limiers et leurs singes.

Il y a environ 4 ans que, me promenant sous les halles de Charroux, je disois que les passions ne sont jamais invincibles; que l'homme se lasse plutôt de barbarie que des droits de l'humanité. Piorry père me répondit en soupirant : *J'éprouve bien le contraire. J'ai un fils dont les passions sont invincibles ; il est né barbare, il mourra barbare. Je crois*, ajouta-t il, *je crois que ma femme en sa grossesse a eu, semble-t-il, envie d'un tygre, d'un renard et d'un lion, car mon fils possède ces trois qualités....* Je fus outré du panégyrique de ce père. Mais tous les citoyens de Charroux m'assurèrent que Piorry répétoit sans cesse, qu'après avoir deshérité son fils, il avoit trois balles dans son fusil pour le tuer, etc. etc.

En effet Piorry père trouve David, fermier de Pressac-Desplanche, et lui donne à fonds perdu sa métairie de chez

Quesat, enclavée dans le domaine de mes neveux. Piorry député crut que cette acquisition étoit pour Pressac-Desplanche (ce qui est faux); et que David n'étoit qu'un prête-nom. Ce représentant écrit à David la lettre la plus despotique , la plus furieuse et la plus allarmante ; et il volcanise si bien les cerveaux frénétiques de Civrai et de Charroux contre Pressac-Desplanche, qu'on attendit ce député ; et que sur son chemin on dressa une potence pour le pendre à son retour de Paris. Mais l'eau-de-vie et le vin avoient tellement endormi les bourreaux, que Desplanche fut sauvé pour cette fois. Un détachement de Tulle de la Corrèze étoit resté en séjour à Civrai. Un cannibale va trouver Mabarreau-Sillonnard , commandant, et lui propose de faire tuer mon frère et de faire piller sa maison : sa proposition fut rejettée avec horreur, et ce commandant eut au contraire l'honnêteté de venir conseiller à ma famille de quitter la ville , jusqu'à ce que les volontaires de la Corrèze fussent tous passés pour la Vendée.

Les ennemis de mon frère , furieux de ce que Desplanche habitoit la campagne , cherchèrent à soulever trois communes pour faire égorger les trois frères , ou au moins les mettre dans la loi du 19 mars 1791, qui *punit de mort les chefs et instigateurs d'émeutes, etc.* Pour cet effet la clique antropophage publioit avec la sœur de Piorry, que *ce représentant avoit écrit que le même massacre qui*, le 2 septembre 1892, *avoit tué huit mille aristocrates, devoit avoir lieu dans tous les départemens.* Ces lettres qu'on publioit par-tout, et le pillage qui devoit en être la suite, volcanisoient les têtes cruelles et barbares. Comme dans le District de Civrai il y a très-peu de *septembriseurs*, on raffina un nouveau complot. On envoya dans la commune de Mâcoux un huissier, qui fut si bien stylé et remplit si bien sa mission, que, sous le spécieux prétexte de chercher Fayolle, émigré, les communes de Mâcoux, Saviol et Gaudant, et les trois frères furent assemblés au point du jour sur le plan de S.-Bonnet, à Gaudant. Je vis bien à mon arrivée que les puissances infernales avoient combiné ce complot pour nous faire massacrer, ou nous conduire à la guillotine. Un municipal de Mâcoux cria à haute voix que l'huissier avoit ordre de conduire Pressac - Desplanche, député, dans les prisons de Civrai. Les uns le vouloient, les autres ne le vouloient pas ; comme je

vis les menaces des deux partis, je criai,
au nom de la loi, et comme membre de
cette commune, qu'il falloit cesser toute
dispute, et que sur ma vie Desplanche
seroit mené par moi-même dans les prisons
de Civrai, etc.

Le nom de la loi arrêta les batailles et
notre mort ! Arrivé au Directoire, je
trouvai Presle seul, qui fit l'hypocrite renard, pour devenir tigre. Je le requis de
venger la loi, la République, l'humanité
et mon frère, et de punir l'huissier, qui,
sans ordre et au mépris de trois décrets,
avoit assemblé tous les citoyens de trois
communes dans une nuit, les avoit fait
passer d'un territoire à l'autre, pour faire
massacrer trois frères ; que bien plus, un
grand nombre de citoyens demandent à la
porte, l'argent que l'huissier leur a promis
au nom de l'administration. Presle changea
de couleur, se trouva très-embarassé. J.-J.
Rousseau dit qu'il auroit converti *Car-
touche*, mais qu'il auroit défié de convertir
l'hypocrite *Cromwel*. Presle joua le rôle
de ce *Cromwel*, et *Ireton*, il cimenta un
troisième complot.

Après que les bourreaux furent bien
prêts, Presle [loup sous la peau d'agneau]

fit, en couleuvre, mille excuses à mon frère : il le supplia de sortir, en disant qu'il étoit libre, et blanc comme l'innocence même.

Mon frère sort : Des furieux apostés crient *tues, tues, tues cet émigré qui s'échappe, tues, tues.* Un bataillon de la Corrèze s'ameute. Ces étrangers égarés, courent chez ma mère, la menacent de la mort, du pillage et du feu. Pressac-Desplanche caché, qui entendoit tout, se donne aux bourreaux ; on l'accable de coups, on le traîne sur la place pour lui couper la tête au pied de l'arbre de la liberté. Les citoyens Rivière et Dardan arrivent, couvrent mon frère de leurs corps et le sauvent ; ils le mènent en prison pour sûreté, et y postent une forte garde. Ensuite ces *braves* Scipions, pour qui ma reconnoissance est au dessus de toute expression, vinrent consoler ma mère fatiguée d'âge, d'infirmités et de chagrins, et lui répondent de la vie de son fils.

La reconnoissance est la source de toutes les vertus sociales : je déclare ici que l'hommage public que j'en dois aux sauveurs de mon frère, m'a tout-à-fait déterminé à faire imprimer cet ouvrage.

Après

Après que mon frère se fut sauvé de ce second complot, je cours au Directoire demander encore la punition de l'huissier qui a violé trois lois, et principalement celle du 19 mars qui punit de mort les chefs d'émeutes, etc. Je pleure, je gémis; on affecte de me consoler. Hélas ! leur dis-je : vengez, vengez la République, les lois et mon frère. J.-J. Rousseau a dit que si un magistrat armé du bouclier de la loi, en refuse l'exécution ou en laisse user le ressort, c'est un monstre destructeur de la République.

Ainsi, Administrateurs, au nom de la patrie, vengez les lois, l'humanité et les vertus sociales.

Comme je veux abréger cet ouvrage, et qu'il m'est impossible de peindre ces cœurs de fer et de marbre, il me suffit de dire que Surreau m'a assuré que Presle l'avoit envoyé chercher avec Trillaud, et les força de dénoncer mon frère comme *traître à la patrie et imprimé sur la liste civile*. Après cette dénonciation achetée, mendiée et forcée, je cours la détruire avec la liste civile même, et je prouvai que si mon frère y avoit été compris, son corps pourriroit maintenant à Paris ; on me

C

répondit que le tribunal criminel jugeroit tout cela, et que mon frère seroit conduit dans les cachots de Poitiers. Je laisse à mes lecteurs à peindre mon désespoir de ce qu'on me refuse le plaisir de voir mon frère, de lui donner aucun secours quelconque. Ah ! doux et bienfaisans citoyens du District de Civrai, vous qu'on appelle *peuple*. Je vous dois un hommage public de reconnoissance de ce que vous avez montré plus de douceur et d'humanité que Presle, Fradin procureur-syndic, Desbarre, Piorry, Ingrand et autres héros en révolution de sang, qui n'ont calculé les progrès de l'esprit public qu'au bas de la guillotine, et dirigeoient l'opinion publique *avec des pas de charge, pour noyer, fusiller, guillotiner, et régénérer tout, à la Piorry.*

Le lendemain, à trois heures après-midi, et jour de foire, Pascault-Desbarre, d'administrateur devint provocateur du crime. Il arrive à la porte de la prison, ordonne à la force armée d'aller à l'Administration. Il commande au geolier d'amener Desplanche dans la rue, en présence de trois mille spectateurs ; là il lie, garotte son ennemi Desplanche, le dégrade en lui arrachant sa cocarde, lui ôte son couteau, et semble l'offrir au peuple pour le faire

(19)

égorger, et le mène seul à la porte de
l'Administration à la garde nationale à
qui il défend de recevoir aucuns chevaux
et secours. Ce dernier ordre fut si bien
exécuté, que Sophie ma sœur, qui atten-
doit sur le passage, fut menacée malgré
ses sanglots. Mais graces au ciel, elle
arrive à Poitiers, elle court au tribunal
criminel, au département et à la municipalité ; elle trouve par-tout des ames sensibles qui l'accompagnent pour descendre
sortir mon frère des cachots, d'avec les
poux, les crapauds et les sallamandres. O
vous, ames sensibles, qui avez rendu ce
service à notre frère, soyez surs que notre
reconnoissance ne s'arrachera qu'avec la
vie. Nous sommes encore plus reconnois-
sans que *Pirrhus*, *Alexandre*, *Alphonse*,
qui se faisoient gloire de n'oublier jamais
un bienfait ; et notre souvenir sera toujours
précieux à notre ame sensible.

Outré de la barbarie de Desbarre, Fradin
et Presle, je dénonce ces bourreaux au
département : ma dénonciation est ren-
voyée à Civrai. Croira t-on que ces trois
scélérats dénoncés se rendirent juges,
parties et conseils dans leur propre cause,
et qu'ils délibérèrent que je serois incarcéré.
Je cours me mettre sous la sauve-garde du

département. Je déclarai en séance publique
que Presle, Desbarre et Fradin avoient
juré la perte de ma famille, et qu'ils man-
dioient des *septembriseurs*. Je déposai sur
le bureau quarante titres de patriotisme :
le département me mit sous sa protection;
et je crois que Thibeaudeau père, procu-
reur-général-syndic écrivit et blâma sévè-
rement l'Administration de Civrai.. On
arrêta en outre que Barbier, ancien administrateur du département, et notre
oncle, seroit incarcéré : on met les scellés
chez lui ; il se retire au département; on
demande la cause de l'apposition de scellés.
Fradin a la bêtise de répondre que mon oncle
avoit une peur panique. Jugez de l'homme,
citoyens, jugez de son ame vile et basse.

Le tribunal criminel de Poitiers décide
que *la dénonciation portée contre Desplanche est vague, insignifiante, inju-
rieuse, attentatoire à la représentation nationale ; et dès lorsque, suivant la loi, les
fonctions de la haute police sont attribuées
aux corps administratifs, le tribunal se
déclare incompétent.*

Après ce renvoi, le département veut
mettre Pressac - Desplanche en liberté,
Piorry arrive à Poitiers comme commissaire

de la Convention nationale, et s'oppose à la mise en liberté de Pressac-Desplanche.

Après cette nouvelle, je cours à Poitiers; en arrivant, et passant par la salle du palais, un de mes amis m'assura que Piorry et Bobin venoient de faire un jeu et une farce comique de la détention ; qu'un pauvre cultivateur, ayant besoin d'uriner, s'étoit retiré près la prison ; et que Bobin et Piorry allèrent de suite faire ouvrir la porte de la conciergerie, et qu'au nom de la loi, ils forcèrent le cultivateur de s'emprisonner.... Ah ! profanateurs de la loi, au nom de la nation, vous égorgiez la nation ; et au nom de la République, vous faisiez comme Sylla, qui à Rome faisoit massacrer de façon qu'il n'y restoit que des murailles. Dans la même salle je trouvai des administrateurs, qui m'assurèrent que Piorry s'opposoit à la mise en liberté de Pressac-Desplanche, et me conseillèrent d'aller parler à ce commissaire qui étoit dans la salle du département. De suite je partis, et m'approchai de Piorry, qui me jura qu'il ne s'opposoit point à la liberté de mon frère. Après lui avoir fait jurer trois fois ce qu'il me disoit, je le pressai très-vivement de me donner par écrit une mise en liberté. Il inventa

des prétextes, mais je le pressai si vive-
ment à force de sollicitations, qu'il finit
par me dire à haute voix : *Non, non, ton
frère est un scélérat ennemi de Marat,
mais il périra comme quelques-uns de
mes collègues qui ont juré la perte de cet
honnête homme.* Je lui répliquai que *Marat
en état d'accusation, vouloit trop de
sang, pour que je puisse l'aimer.* Piorry
s'éleva et dit hautement : *Oui, oui, Marat
est un honnête homme, et ses ennemis
périront.*

Mais Piorry, qui vouloit être bourreau
du bourreau, et qui avoit forcé le tribunal
criminel de condamner à mort plusieurs
cultivateurs, fut obligé de partir. Après
cet heureux et très-heureux départ, Butaud
fait le rapport de l'affaire de Pressac-Desplanche : le département prononce unani-
mement que ce député a été persécuté,
et qu'il doit être libre. Butaud, cet homme
si tyrannisé, qui voyoit si bien sa mort
assurée ; cet homme républicain si respecté
par Chauvin, représentant du peuple, et
ses concitoyens. Butaud demanda au département que les lois violées, les mœurs
et les vertus, foulées aux pieds par Fradin,
fussent vengées, et que ce Fradin fut mandé
à la barre. Un administrateur fit observer

à l'oreille de tous les autres, que ce Fradin persécuteur étoit un espion de Piorry : cette réflexion en imposa.

Un jour immédiatement après la poste arrivée, Fradin procureur-syndic, assemble extraordinairement la société de Civrai, & la presse de nommer deux Députés pour aller à Poitiers pour servir, dit-il, la patrie. On décida que la séance seroit à deux heures après-midi, & que l'Administration pendant cet intermédiaire donneroit l'exemple, & nommeroit ses Députés.... Fradin intrigua & cabala, mais malgré ses pressantes sollicitations, Fradin de Gençais fut élu.

Après que le procureur-syndic eut appris que Fradin de Gençais n'avoit pu, à cause de maladie, aller à Poitiers ; après que cet intrigant eut su que ces assemblées étoient devenues des crimes politiques, il adressa de suite compliment à la Convention nationale sur le décret du 31 Mai. On assure que Piorry lui manda que *les jacobins, étant les facteurs de l'univers, les forgeurs de l'esprit public, et les directeurs de l'opinion publique, l'Administration de Civrai ne devra pas dorénavant s'étonner de voir, en son nom, des adresses et pétitions.* Ah ! grand Dieu, quelle enclume pour forger une République.

Ce coup d'intrigue tient aujourd'hui ce Fradin au tribunal de cassation. Ce valet de Catilina, avant de partir de Civrai, en imposa au département et à la société populaire avec tant d'audace, que cette société le raya de son tableau, comme usurpateur de la noblesse en 1788, un menteur intrigant, et suspect dans ses intrigues et sa reddition de compte.

On annonce à Civrai Ingrand, représentant du peuple, comme un *Jupiter avec ses foudres.* Ce sultan costumé nuit et jour, arrive, et de prime-abord insulte le peuple de Civrai, de ce qu'il ne calomnioit pas, et n'assassinoit pas ses fonctionnaires publics. Comme il couvroit ses opérations plutôt avec des formalités, qu'avec de la justice, il se fait donner par forme douze citoyens à qui il fait signer son arrêté malgré eux, les menace de la détention et de sa fureur.

Plusieurs citoyens dénoncent Dalattre comme contrebandier de tabac des ancien et nouveau régimes : ils sont menacés de l'incarcération et de la mort. Grandfief écrit et se présente pour se justifier, il est

rejetté

rejetté comme un contre-révolutionnaire.
Les douze sans-culottes qu'Ingrand avoit
requis pour la forme, et qu'il avoit forcés
de signer, demandèrent à genoux que les
destitués ne fussent pas compris dans la
loi du 17 septembre, ni détenus. Le sultan
Ingrand, costumé jusqu'aux ongles, finit
par dire : *Ma volonté ou la mort. Signez
où vous mourrez ...!*

Delattre, Presle et Albert, voulant en-
fourner une grande partie des citoyens du
District, apprirent que Tribot et Grandfief avoient fait certifier leur civisme, par
des milliers de signatures. Ces trois Administrateurs, après avoir fait le métier de
taupes qui font le mal dans les ténèbres,
députèrent Presle, pour aller mendier les
arrestations de Norbert-Pressac, Augry,
Blais, *comme suspectés d'avoir signé ces
certificats de Tribot et Grandfief.* Il faut
noter que ces deux premiers citoyens n'ont
même pas signé cet acte, et cependant ils
ont subi neuf mois de détention. Comme
ces Administrateurs espéroient faire incar-
cérer tous les ignataires, ils firent murer,
et réduire en cachots, les maisons d'arrêt
de Civrai et de Charroux, si bien que
l'air ne pénétroit qu'avec peine dans
ce séjour de l'innocence et du malheur,

et que ce défaut d'air a manqué y faire périr Pressac-Desplanche incarcéré une seconde fois par ordre d'Ingrand.

Un jour Presle vit un détenu de Charroux se promenant dans le jardin de l'abbaye. Cet administrateur furieux trouve Gauvain-Dumargat, maire, et le menace en despote tyran. Le maire répondit que c'étoit un malade à qui on n'avoit pu refuser ce devoir d'humanité ; et il supplia Presle de vouloir permettre aux autres détenus de jouir du même bienfait, parce que la maison humide et puante les feroit périr. *Laissez périr ces scélérats*, répondit Presle, *plutôt ils seront crevés, plutot nous en serons débarassés*. Peu de temps après, Dumargat fut destitué, ainsi que Durivault, Bissonnet et Baumier, qui manquèrent être assassinés, parce qu'ils arrêtèrent des hommes égarés qui vouloient égorger les détenus ; Dumargat offrit même sa tête pour les sauver. Ces hommes égarés ont répété souvent que Charpentier, dit Petit-Bois, et la Piorry, sœur du député, leur lisoient tant de lettres qui applaudissoient au massacre du 6 septembre et au pillage, qu'ils croyoient que le massacre et le pillage étoient un devoir. A l'arrivée d'Ingrand : Devancens, Malteste et Vaugelade montèrent dans la

tribune, et sous les halles, et crioient :
*Pères, dénoncez vos enfans. Enfans, tuez
vos pères, s'ils ne sont patriotes : il faut
des flots de sang pour cette révolution*, etc.
Ce Charpentier, dit Petit-Bois, est né et
sorti de bons citoyens de Charroux. Il
avoit été envoyé de Paris, où il demeure,
pour conseiller le massacre. Il couroit les
foires et assemblées publiques, prêchant
la loi agraire et le meurtre, si bien que
Churlaud-Démergère l'arrêta et le dénonça
comme un *septembriseur*; mais ce bourreau quitta une ville où l'on n'aime pas les
ultrà-révolutionnaires à la Piorry.

Richard, ancien maire, et juge-de-paix,
fut dénoncé par des hommes qui rétractè-
rent leur dénonciation et déclarèrent qu'ils
avoient été manacés par la Piorry et Presle,
s'ils ne le faisoient pas. Ils ont même
publié que cette Proserpine et ce Cyclope
assuroient que *la révolution du 9 thermidor
étoit une fumée qu'un petit vent de la
montagne alloit détruire...*

Enfin la postérité ne pourra croire que le
massacre de septembre étoit si bien soufflé
dans la tête des femmes mêmes, que,
malgré la municipalité et la garde nationale,
les maisons d'arrêt de Civrai furent forcées,

(28)

et des citoyens égarés enlevèrent Dairvault, Puydanché, deux Dexmier et Gallot : on les conduisit à Poitiers ; en chemin on les menaça mille fois de la mort; et on laissa tous les autres détenus , hommes et femmes, dans l'état le plus déplorable. Qu'on lise les ouvrages de Thibaudeau , représentant, de la société de Poitiers , Faulcon et autres citoyens , on y lira les lettres de Piorry qui étoient le globe, le tableau , et le fourneau pour volcaniser les têtes et former des *septembriseurs*.

O vous parens de ceux que je dénonce à l'opinion publique , ne vous offensez pas contre moi ; il n'y a pas de bon arbre, qui n'aie sa branche gourmande, son sauvageau, ses gallinsectes et ses plantes parasites. Et de même, il y a peu de familles qui n'aient quelque mauvais rejetton , et de lâches ennemis de l'humanité.

Après tous les sermons sanguinaires de Presle, on enlève de nuit Tribot, Gueny, Soreau , Grandfief , Norbert - Pressac , Augry Blais, et on espère les faire conduire à la boucherie de Poitiers, Nous savons bien que la vie a mille fois plus de ravages dans une révolution que dans tout autre temps, Nous espérions que nos bourreaux se lasseroient de sang et de férocité ; mais plus nous vivions dans les maisons d'arrêt, plus on nous gênoit ; plus nos besoins, nos craintes et nos dangers se multiplioient. La société, la municipalité et le comité de surveillance de Civrai, à qui nous devons un tribut sacré de reconnoissance, demandoient sans cesse notre translation dans la maison d'arrêt de Civrai ; mais Delattre et Presle espéroient trop multiplier les incarcérations pour nous l'accorder. Toute révolution est comme une fièvre qui a ses degrés et ses périodes. L'homme ne peut pas être toujours féroce, mais Delattre et Presle ont continué leur rage jusqu'au bout. Nous avions béau couvrir nos chaînes de fleurs, par des confidences, par des effusions de cœur et de sentiment ; plus nous recevions de lettres de nos familles, plus nous apprenions de bassesses et de crimes de la part de nos bourreaux.

J'ai dit dans l'introduction, que j'étois entré chez Ingrand le premier janvier 1794 (v. s.) ; après un entretien de deux heures, il finit par me promettre ma liberté, et bien loin de me la donner, il m'injurioit aux séances publiques, en disant que j'étois frère d'un scélérat.

Après que le très-bienfaisant Brival fut arrivé, je présentai ma pétition. Ingrand se leva et dit que j'étois un ignorant, qui n'avois qu'à parler d'agriculture, charrue et moutons ; qu'il étoit étonné de ce que j'avois remporté tant de prix, et de ce qu'on m'avoit décerné une médaille d'or, bélier, brebis de race espagnole. Ingrand imposoit sans cesse silence à Brival. Ce représentant vouloit exercer la clémence et l'humanité, mais Ingrand vouloit noyer les vertus dans le sang.... Brival vouloit le salut de la patrie, et Ingrand en affichoit la perte, et la mort de l'ordre politique. Sa messaline demeurant auprès de notre maison d'arrêt, venoit très - souvent demander à notre concierge si *ses pigeonneaux se portoient bien, étoient gras, bons à tuer.* Un détenu, qui entendit ce propos, lui répliqua : *Ces pigeonneaux, pour engraisser, n'ont besoin que de vesce, citoyenne.*

A cette fameuse séance publique, où Brival même n'étoit pas libre, on fait venir un curé de Châtellerault, détenu avec moi, et Ingrand lui adresse publiquement ces paroles : *Je t'ai fait renfermer, parce que tu as murmuré de ce que à Châtellerault on traînoit le père éternel dans la boue des rues*. Dis-moi, *l'as-tu vu, l'as-tu connu ce père éternel; lui parles-tu, tiens-tu des correspondances avec lui ? Hé bien! nous te donnons la liberté, parce que ton frère nous a juré que tu abjurerois tes bêtises, et que tu prendrois une femme.* Ingrand m'a tenu cette profession d'athéïsme, et voilà ce que je lui répliquai : J'avoue que dans toutes les religions, on ne sait, si pour plaire à Dieu, il faut se tenir à genoux ou debout, manger gras ou maigre ; mais sur ce que tous les hommes de l'univers s'accordent, c'est qu'ils sentent que ce n'est pas un homme qui a fait ce qui nous environne : c'est qu'il faut une religion dans tout état quelconque, et qu'il faut un culte, des *signes extérieurs* et des moyens pour prêcher les devoirs d'humanité, de charité et de bienfaisance. Je lui dis encore que l'opulence d'une République étoit plutôt dans les moeurs de ses membres que dans ses richesses, et que la religion est le meilleur garant des moeurs.

En effet, si j'ouvre J.-J. Rousseau dans son gouvernement de la Pologne, je vois ce philosophe qui fait un éloge supérieur de Moyse et de Lycurgue, qui portent le peuple à une religion qui inspire l'amour

de la patrie, adoucit les moeurs, et arrête
le pouvoir arbitraire. Je lis Voltaire, qui
dit que les athées sont pires que des tigres.
Enfin tous les auteurs disent qu'il faut un
culte, des signes extérieurs pour mettre à
l'ancre le vaisseau du gouvernement agité
par les tempêtes politiques, et pour arrêter
ces corrupteurs et ces corrompus ultra-ré-
volutionnaires, qui portent cette liberté
et cette égalité à l'*extrême* dont parle
Montesquieu.

D'ailleurs, suivant l'histoire, la musique
a fait déposer la fureur des tigres aux pieds
des musiciens. Un seul musicien fit réunir
les Lacédémoniens divisés entre eux. Les
moeurs des peuples, dit Barthelémy, se
sont souvent adoucis par le son des instrumens. Le fameux Frédéric forçoit plus
de postes ennemis avec sa musique militaire
et bruyante, que par ses conseils et son
génie. Ainsi puisque la musique et les
signes extérieurs ont fait tant de progrès
sur les coeurs barbares, il nous faut donc
quelques institutions qui adoucissent les
moeurs, excitent des émotions de sentiment, réveillent la voix de la nature et
l'amour de la patrie. D'ailleurs, lui dis-je,
pourquoi craindre les prêtres ? le fanatisme
se détruit par lui-même...... Bossuet dit

que

que si on avoit méprisé Calvin, il n'y auroit pas eu de religion calviniste ; car la contradiction forme et réveille les partis. Bien plus, suivant tous les auteurs politiques, la multiplicité des religions n'est jamais à craindre ; et certainement aujourd'hui les prêtres mariés ont leurs principes ; les non mariés ont leurs sistêmes ; les constitutionnels ont leur opinion, et les inconstitutionnels leur dogme, leur gloire et leur avarice. Ainsi voilà donc la religion catholique qui se détruit, et fait que la religion calviniste est dominante. Hélas ! l'avancement des bonnes moeurs, et l'intérêt des bonnes moeurs et de la République exigent absolument la destruction de tous ces supplices qui forment plus d'esclaves que de républicains. Mon athée ne fut pas tout-à-fait content de ma liberté d'opinion, ni de ma tolérance fondée sur l'amour des hommes et de la bienfaisance,

En effet qui avoit-il de plus intolérant de voir des Administrateurs menacer de la mort, et refuser des certificats aux prêtres, s'ils ne remettoient leurs lettres de prêtrise, comme si un morceau de papier formoit le caractère. Mais je demande à ces terroristes, s'ils auroient cessé d'être Administrateurs, quoique le feu auroit brûlé le

E

titre qui les a constitués... Ah ! qu'une pareille conséquence seroit une grande folie.

Peu de jours après mon entretien avec Ingrand, une bande d'hommes armés viennent me chercher et me mènent au fauteuil du tribunal criminel, pour y subir interrogatoire. J'y offre preuve de prestation de serment, certificats de civisme et quarante titres de patriotisme ; et quoiqu'on publiât que je serois déporté , qu'on me le dit à moi-même, je me rassurois toujours sur mon innocence.

Un autre jour, à 4 heures du matin, une compagnie de hussards et de commissaires vint assembler tous les détenus dans la chapelle et sous de larges sabres nuds qui faisoient croire qu'on vouloit nous égorger. On visite hommes et femmes dans les endroits les plus secrets, pour savoir si nous n'avions point envie de tuer Robespierre et ses satellites. Après ces recherches très-indécentes, je descends au jardin avec un hussard, qui me tint ces paroles : « Rassurez-vous, citoyen, me dit-il, rassurez-vous. La Convention nationale va bientôt sentir que c'est par la persuasion, plutôt qu'avec la guillotine, qu'on établira la République et qu'on fera aimer la révolution. Ces recherches annoncent bien l'esclavage et le despotisme. A Rome la démocratie ne s'est soutenue que par la douceur et la vertu. Une augmentation de supplices et de suppliciés, est l'avant-coureur de la ruine de la France. Si bientôt on ne rétablit pas un doux gouvernement et les mœurs françaises, tout est perdu ». Au même moment des espions nous séparent.

En effet, je crois avec mon hussard que, si à Rome Sylla n'avoit pas récompensé les dénonciateurs, les scélérats n'y auroient pas été si communs ; de même la tyrannie de Robespierre forçoit, pour ainsi dire, au suicide ou quel que crime pour se sauver. *Où l'on craint*, dit un auteur, *le crime y habite*. Comme le Français ne s'accoutume point à la férocité, il a tombé dans un mal si convulsif, qu'il a fallu secouer le joug de fer, opérer la révolution du 9 thermidor, et s'accorder à dire que la modération vaut mille fois mieux que la terreur..... Il n'y a que le valet de l'exécuteur de Poitiers, qui, après avoir dit qu'il ne lasseroit jamais de guillotiner, de suite Piorry, dépeint par la société, Thibaudeau et autres citoyens de Poitiers, serra ce bourreau entre ses bras, le pressa sur sa poitrine et lui dit : *Tu as bien mérité de la patrie !....* Cet homme ne savoit pas que Spartes étoit consternée, quand il falloit punir un coupable. Alexandre trembloit, quand il s'agissoit de faire punir un criminel. Le sénat romain et les consuls n'avoient pas le droit de punir. La peine d'un citoyen étoit une désolation publique. On ne cherchoit pas, comme Piorry, *des coupables plutôt que des innocens*; et on n'aimoit pas, comme lui, les geoliers et les bourreaux.

D'ailleurs il est prouvé que les supplices ont augmenté les voleurs et les déserteurs. Si en France on avoit aboli la peine de mort, si les ennemis et innocentes victimes de Robespierre, avoient été mis aux travaux publics, ils auroient été utiles à leur patrie ; ils auroient retrempé leur ame au creuset du malheur : ils ne seroient pas morts. Mais hélas ! la vie ne se reprend pas, c'est un malheur qui ne se répare plus....!

A dix heures du soir, une troupe vint enlever *Tabard* pour le conduire à la *boucherie de Paris*. Pendant le temps qu'il a été détenu avec moi, , j'ai lié une très-étroite amitié avec lui; je ne lui ai

trouvé qu'une belle ame , du génie : il
avoit un caractère et une figure pour se
faire adorer des femmes. Après l'avoir em-
brassé pour la dernière fois , j'allai noyer
mon lit de larmes , et m'assassiner l'esprit
de mille réflexions sinistres.

Peu de jours après ce départ, je lus
dans les papiers publics que *Conneau*,
Clergeau, *Chauveau* , *Tabart et Sabourin*
avoient été égorgés. Je ne verserai pas de
fleurs sur la tombe de ces génies , que la
jalousie des scélérats a fait guillotiner ;
mais hélas ! que j'ai senti combien il est
pénible pour une ame sensible de revivre
à des coups si terribles ! Que de confusions
d'idées , de rêveries profondes, de sombres
mélancolies ont replié mon ame sur elle-
même et suspendu ses opérations. J'ai été
à l'école du malheur pendant long-temps ,
et comme Démostène, j'ai pleuré plutôt
sur la vie des scélérats, que sur la mort
de mes parens et de mes amis : hélas ! ma
douleur m'arrête.

Peu de jours après le départ de *Tabart* ,
on amène avec nous Butault , Fradin
médecin, Montault, Moreau , Rampillon
et Brimords. Ces patriotes sortoient des
cachots de la Visitation , pour venir dans

notre maison d'arrêt plus douce et plus saine. Mais leur ménage fut à peine monté et leur ame plus tranquille , enfin au moment même où nous nous félicitions de partager et adoucir nos malheurs communs : Chenièvre, le cruel Chenièvre vient avec force armée les enlever et les reconduire dans les cachots. Au moment où un souci tendre, une généreuse sympathie unissoient tous les détenus et les confondoient dans le même sort, on nous apprend que ces victimes vont au tribunal de sang ; cependant le lendemain on nous assura que Rampillon et Montault étoient partis pour avant-garde , et qu'ils avoient juré d'aller doucement à la mort ; que leurs vertus les consoleroient et les dirigeroient dans leur marche et leurs réponses..... O vous qui avez vu mille fois la mort sans la craindre , et que son appareil n'a jamais effrayés. O vous, Rampillon et Montault, mes vrais amis, qui étiez *gibiers de Piorry* ; ô vous enfin, qui avez échappé de la guillotine, avouéz donc que l'espérance est un présent de la nature qui, à travers les plus fortes chaînes et les épines les plus piquantes, fait trouver quelques fleurs qui soutiennent le philosophe jusqu'au bord du tombeau et entre les bras de la mort même. O vous enfin, mes parens, mes amis et compagnons d'infortune, pleurons sur la vie des scélérats, plutôt que sur la mort de ceux qu'ils ont fait égorger. Unissons-nous, non pas pour les faire mourir, mais pour les faire habiter seuls avec leurs crimes, leur désespoir et leurs remords qui sont des torches ardentes mille fois plus cruelles que la fin de la vie.

D'ailleurs l'honneur est une isle sans bords, ils en sont sortis, ils n'y rentreront jamais. Ils seront regardés comme ennemis du genre humain, une peste publique, et bannis de la société d'honnêtes gens.

Les Romains avoient fait construire deux temples joints l'un à l'autre. L'un étoit dédié à la vertu, et l'autre à l'honneur; de telle sorte qu'on ne pouvoit entrer en celui de l'honneur, qu'en passant par celui de la vertu. Après cette institution, je dis :

O vous buveurs de sang, égorgeurs de mes parens et de mes amis, que votre coeur soit votre juge et votre législateur ; vous avouerez que, dans une République, tous les honnêtes gens vous font justice [non par la mort] mais par un mépris général et public ; vous avouerez enfin qu'il faut être irréprochable aux yeux des hommes, sur-tout à ceux de celui qui, seul, sait apprécier et récompenser la vertu républicaine. Vous avouerez que, bien loin de passer par les temples de l'honneur et de la vertu, vous n'avez au contraire fréquenté que ceux du crime, des forfaits et du carnage !

Le 13 thermidor, je crus bien être massacré. A 9 heures du soir, on nous fit rentrer dans nos chambres. Nous savions, par contrebande, que Robespierre étoit guillotiné, mais que sa *queue* ne l'étoit pas. Comme les jardins nous étoient permis de nuit et de jour, cette *queue* me faisoit frémir. Nous savions que *Bobin* publioit qu'il massacreroit, *lui seul*, une bonne partie des détenus : ces idées me firent trembler. Je déclarai à mes camarades, qu'il falloit faire acheter notre vie à très-haut prix, et qu'il falloit se défendre avec force et courage. Il fut décidé que, si dans la nuit on sonnoit, il falloit saisir le geolier, et au cas qu'on entendît les bourreaux, que j'irois courir chercher le fusil du geolier qui étoit caché, et que sachant où il étoit, je lui passerois la baïonnette au travers du corps. Quoique mille indices nous démontrassent que la *queue* de Robespierre avoit tenu un club

de

de sang, cependant nous fûmes sauvés.

Voyant que la société, la municipalité et le comité de Civrai n'avoient pu obtenir notre translation à la maison d'arrêt, l'agent national du District de Poitiers nous accorda ce que Delattre nous refusoit depuis neuf mois. On nous donna une liberté provisoire, et un gendarme. Nous écrivîmes à notre municipalité, qui députa deux commissaires, lesquels, avec nos parens, vinrent au devant de nous. Le lendemain de notre arrivée et de notre demeure dans la troisième maison d'arrêt, le maire et le procureur de la commune furent mandés à la barre, et blâmés de ce que l'humanité les avoit conduits à Sommières pour nous embrasser.

Le sur lendemain de ma détention, les comités de surveillance de Civrai et Gaudant délibérèrent que, m'ayant vu labourer moi-même et tenir la place de mon laboureur qui étoit à la Vendée, et qu'ayant remporté trois prix en agriculture, je serois mis en liberté, conformément à la loi, et rendu aux travaux agricoles.

Delattre, agent national, est furieux et me fait menacer d'une autre détention ; mais pour arrêter cette fureur, je lui portai

F

ıme mise en liberté que le représentant du peuple, Chauvin m'avoit envoyée par la poste. Malgré ces deux titres honorables pour moi, on m'effraya encore par la résurrection de la tyrannie et *queue* de Robespierre.

Depuis le 9 thermidor, j'ai écouté et suivi tous les partis ; plus on les étudie, moins on les aime. Je ne doute plus que le royalisme ne soit en croupe avec le terrorisme, et le tout monté sur le très-maigre et harrassé cheval de contre - révolution. Écoutez l'un et l'autre, ils ne voient tout qu'au travers du prisme de leur intérêt, de leur orgueil et de leur vanité. Ils vous citeront avec emphase Raynal et sur-tout J.-J. Rousseau, qui, dans son contrat social et son gouvernement de la Pologne, dit : « La grandeur des nations, l'étendue des états sont la source du malheur du genre humain et des calamités qui détruisent les grands peuples : les petits états réussissent toujours, au lieu que les grandes nations s'écrasent sous leur propre masse, et ne peuvent se gouverner elles-mêmes ». Cette opinion m'a été souvent objectée par le terrorisme et le royalisme qui veulent tout commander, et ne jamais obéir. Mais Montesquieu répond positivement à ces objections, et je le copie : « Pour qu'un état, dit ce grand auteur, soit dans sa force, il faut que l'étendue soit proportionnée au dégré de vîtesse que la nature a donnée aux hommes pour se transporter d'une frontière à une autre ; comme celui qui attaque peut paroître par-tout, il faut que celui qui se défend, puisse se montrer aussi par-tout. *La France*, dit cet auteur, est *précisément* de la grandeur requise ; les forces s'y communiquent si bien, qu'en peu de temps, on peut se transporter d'une frontière à l'autre : l'exécution en est très-prompte ». Thomas Payne et Dauberteuil sont du même avis dans leurs essais sur l'Amérique septentrionnale.

L'avis de ces célèbres auteurs est appuyé aujourd'hui par l'expérience et des évènemens journaliers. On a vu et on voit tous les jours des milliers de volontaires du midi secourir les frontières du nord, et des frontières du nord courir à celles du midi. Ces faits prouvent donc que la France n'est pas trop étendue pour former une République, et que les terroristes ont grand tort.

J.-J. Rousseau et Raynal ne veulent parler que de la Perse, où il faut au moins

six mois pour communiquer d'une frontière
à l'autre. Mais tous les auteurs sont d'ac-
cord que, quel que étendu que soit un
pays, s'il est bien uni, s'il a un centre
commun, il sera toujours fort et capable
de résister. Car, dit Montesquieu, si une
République est trop étendue, *un vice inté-*
rieur peut la détruire ; si elle est trop
petite, ses voisins peuvent l'envahir.....
Prenons-y garde, *ce vice intérieur est*
dans le terrorisme.

Ainsi que les Français n'aient de joug
que la loi, de maître que la volonté générale et universelle : le vœu de la nature
sera accompli, puisqu'elle nous a faits
libres et égaux.

Les terroristes et royalistes espèrent
encore dans le discrédit, la multiplicité
des assignats et notre peu de numéraire ;
mais ils ignorent qu'un peuple pauvre est
toujours plus vertueux qu'un peuple riche.
Lycurgue ne put changer les mœurs de
Sparte, qu'en détruisant la monnoie d'or
pour y substituer celle de fer. Certainement
les assignats valent mieux que du fer. C'est
un très-grand problême que je me suis fait
à moi-même de savoir si un léger discrédit
'est point plus avantageux pour nos mœurs

qu'un trop grand attachement pour nos assignats. On plaisantera de ce problême, mais brûler et plaisanter, n'est pas raisonner, ni répondre. Je dis avec un grand nombre de philosophes que la richesse pécuniaire n'est que relative, et qu'un peuple qui échange ses denrées est plus riche que celui qui achète avec de l'or; je crois même que les trésors de l'Angleterre détruiront cet état.... Ces peuples, qui conquirent l'Asie, l'Autriche, la Bourgogne etc., n'avoient point d'or, mais ils avoient des denrées et des peaux de moutons qui valoient mieux que les richesses pécuniaires de l'Angleterre.

Si le Mexique avoit eu une bonne agriculture plutôt que des gouffres dorés, Cortez n'y auroit pas porté ses mains barbares, et Guatimozin n'auroit pas péri sur des charbons ardens à côté de ses trésors.

Suivant Dargenson, Thomas Payne et autres, la Hollande, qui n'a presque pas été plus grande que notre Normandie, faisoit la loi à l'Europe entière, entroit dans toutes les négociations; elle étonnoit les puissances par son commerce, ses richesses et sa propreté divine. Mais le stathoudérat de 1748 changea le bonheur de ces Provinces-Unies, et la richesse les détruisit ; je dis même (en passant) que, si la Hollande n'avoit pas été plus riche qu'après la mort de Guillaume III , elle n'auroit peut-être pas été attaquée, et envahie aujourd'hui.

D'ailleurs on ne mange ni l'or, ni les assignats, mais en cultivant nos terres il ne nous manquera rien. Soignons la racine de l'arbre d'agriculture et de liberté, échangeons avec nos voisins : les denrées vaudront mieux que tout l'or du Potozi. Comme j'aime mieux les cultivateurs que les agioteurs et les banquiers, et que je préfère les denrées aux trésors, je pense que la multiplicité des assignats fait plus de bien que de mal aux pauvres, et je laisse aux *grippesous* à me contrarier, je m'en moque.

Multipliez, dit J.-J. Rousseau , multipliez les denrées et les consommateurs. Favorisez l'agriculture et les arts utiles, vous serez riches , et vos voisins vous respecteront.

Bien plus les lois ne commandent point la religion, l'amour, le crédit , ni la confiance ; mais les denrées et choses nécessaires à la vie commandent, semble t-il, aux hommes et à tout être vivant. Vouloir forcer la pensée et l'opinion, c'est une entreprise qui excède les forces humaines. Vouloir borner la raison, c'est la plus cruelle tyrannie. Entraver le commerce, c'est faire naître la contrebande, qui est toujours la ruine d'un état. Si le commerce des denrées et de l'argent étoit libre, il n'y auroit pas autant de contrebandiers ennemis de la liberté et de cette économie si utile à une République.

A côté d'un grand mal, il en peut naître un petit bien ; à côté d'un grand bien, il en peut naître un petit mal. Par l'expérience nous apprenons aujourd'hui comme dit l'Alcoran, qu'*il ne faut avoir la main, ni trop ouverte, ni trop fermée* ; et qu'en fait de pain il faut être économe comme *Pline* le jeune, qui, avec une fortune médiocre, faisoit de grandes libéralités publiques et particulières par de bonnes oeuvres et en faisant des heureux.

Je dis, *en fait de pain*, car si, dans le moment actuel, nos sillons étoient remplis de pièces d'or et de froment bien mûr, nous laisserions bien cette monnoie, pour moissonner le blé qui est la richesse réelle. Cela seul prouveroit donc qu'en un bon sistême d'agriculture, se trouve un riche sistême de finances et d'argent ; au lieu que dans de certains sistêmes d'argent et de finances, il ne se trouve souvent qu'un moyen à former des mendians, des millionnaires et des esclaves de bourse, excellens à corrompre, à vendre, à acheter et à servir de marionettes pour détruire la République. On voit par-là que j'aime mieux le trésor de l'honneur et de l'agriculture, que l'agiotage, la fureur financière, ces *probabilités*, ces *directions d'intention* et ces *poulets sacrés* qui font pécher saintement et attaquent l'intérêt général. Mais j'offre aux fanatiques religieux, financiers, politiques, plutôt de l'ellébore que de la ciguë, car ils ont besoin d'éternuer et de se purger le cerveau avec des plantes sternutatoires et alexipharmaques.

Mais tenons, citoyens, un juste milieu entre les extrêmes opposés. Évitons la soif des richesses qui multiplie les besoins. Cultivons, améliorons nos terres, nous moissonnerons sur nos sillons des épis dorés qui valent mille fois plus que l'or du Mexique et de Sumatra.

On m'a donné des notes qui prouvent que Presle et Delattre étoient de très-ignorans vandales

vandales. A toutes les ventes, ils faisoient brûler des tableaux que des amateurs auroient payés à un prix très - avantageux pour la nation. Saturne, peint sous l'emblême du temps qui détruit tout etc, est mis au feu comme un marquis.... Pan au milieu des jardins, Pomone au milieu des fruits, Flore au milieu des fleurs, Diane au milieu des bois : tout est pris et brûlé comme aristocrate, marquis, compte et barron.... On m'a assuré que Dumaneuf avoit arrêté Presle et l'avoit empêché de brûler le tableau de *Lycaon* qui veut régaler *Jupiter* en chair humaine. On prétend que Presle embrassa *Lycaon*, et en garde précieusement le tableau ; mais ce qui l'outragea le plus, c'est le tableau de Minerve, déesse de la sagesse qu'il abhorre, qu'il fit mettre en pièces et réduire en cendres.... A Rome, aussi-tôt qu'un avare étoit jugé, on faisoit fondre son or, et on le lui faisoit avaler tout bouillant.... Si les buveurs de sang en ont tant de soif, qu'ils aillent en Barbarie, ils y trouveront des tables de *Lycaon*, et ils seront rassasiés.....!

Enfin Chauvin, représentant du peuple, arrive donc à Civrai. Son éloge et le bien qu'il fait l'annoncent d'avance. Il ne vient pas comme *Jupiter* avec ses foudres, qui menace de *tout* guillotiner. Il ne vient pas faire une *contre-révolution* comme Ingrand l'annonce à la Convention nationale, mais il vient comme un ange de paix qui ne désire que la justice et l'humanité. Il ne jettoit pas à la porte Grandfief et les supplians, il reçoit au contraire avec bonté les victimes du terrorisme, les plaint et les console.

Les citoyens de Civrai dénoncent en masse Fradin, procureur-syndic, comme un banqueroutier qui a volé sa famille, les marchands de bœufs, et la nation.... On l'accuse d'avoir, sous promesse de mariage, abusé d'une fille ; de lui avoir donné un billet de trois mille livres pour dédommagement, et de l'avoir retiré par récision.... On lui reproche d'avoir plaidé quatre ans pour usurper la noblesse ; d'avoir servi de valet aux électeurs pour être placé et faire placer sa famille dans les fonctions publiques ; d'avoir fait des listes de proscription, pour faire égorger une partie du District de Civrai ; il est enfin accusé de malversations, de façon que le représentant du peuple l'a dénoncé au comité de législation.

Delattre, à la tribune, est démasqué comme un scélérat qui vouloit détruire tout le District de Civrai, en posséder tout le territoire; qui avoit vendu l'air aux détenus et avoit débité, dans du tabac, de l'eau, du sable et de l'écorce de cérisier.

Presle se présente à la tribune; les citoyens de Charroux l'accusent d'avoir voulu assassiner Bissonnet; d'avoir été condamné à l'amende par police correctionnelle; d'avoir voulu faire massacrer tous les citoyens du District, et d'avoir dit que sa commune n'étoit qu'*une écurie d'anes* et *de bouriques*.... La commune de Gençais le dénonce en masse d'avoir (pour affamer le District de Civrai) fait augmenter le recensement des grains.

Enfin Surreau convainquit Presle d'avoir mendié la dénonciation faite contre Desplanche, et d'avoir cherché à le faire assassiner.

Soula est baptisé *Croque-Poulet*, et convaincu d'avoir, avec le secours du terrorisme, mangé, et vendu toutes sortes de gibiers et volailles.

Il seroit trop long de dépeindre l'humiliation que le crime a éprouvée..... Ces Séances ont prouvé au philosophe que tôt ou tard l'innocence triomphe sur la scélératesse, et que la pratique du bien, le témoignage de sa conscience , la simplicité des mœurs et l'assemblage des vertus anéantissent bientôt l'oppression et les oppresseurs.

Les citoyens assemblés, ne voyant plus dans les terroristes, que des esclaves de leurs passions et des penchans contraires aux mœurs, aux lois naturelles et civiles : ces citoyens demandent que les opprimés soient placés dans les fonctions que les oppresseurs occupent. Le représentant du peuple seconde les vues de toute l'assemblée qui applaudit avec joie, respect et reconnoissance. On nomme Gauvain-Dumargat et Loiseau-Grandmaison pour réparer à la bibliothèque les torts que le vandale Presle y a faits.

Après la séance finie, le peuple s'écrie : quelle différence entre la terreur et la modération!... Le terroriste abhorre la justice, l'humanité et les talens. Ingrand ne vouloit que l'ignorance dans les places, et Chauvin est vraiment libre; il est l'ami des sciences et de la vertu. Tout le monde est libre avec lui, mais Ingrand inspiroit l'effroi, la cruauté, et deshonoroit les sciences et le mérite.

En effet, Chauvin inspiroit librement

l'amour de la patrie, de façon qu'il faisoit conformer la volonté particulière à la volonté générale, à la raison publique, à la loi du devoir. Il ne disoit pas *ma volonté ou la mort*. Il n'avoit pas besoin d'être costumé de nuit et de jour, pour faire obéir à la Représentation nationale ; il avoit la souveraineté en propre, et inspiroit une légitime indépendance à tout être raisonnable ; enfin il n'inspiroit que l'amour de la patrie et un respect sans bornes pour la Convention nationale....

Il ne faut, disent plusieurs auteurs, *qu'un homme, qu'un jour pour changer la face d'un empire....* La Robe sanglante de Cézar en a été une preuve à Rome.... En France, la tête de Robespierre a tué les *ultrà - révolutionnaires* aussi lâches, ambitieux et barbares que les *contre-révolutionnaires*, et ils ne réssussiteront pas; car la place de la vertu étant à côté de la liberté, l'une et l'autre réunies sont toujours plus fortes que la terreur.

O vous, mes lecteurs, réunissons-nous pour faire aimer la révolution, plutôt que de la faire craindre. Ne la rougissons plus avec du sang; que nos lauriers n'en soient plus teints, et que la République triomphe ! N'oublions jamais enfin qu'il y a plus de

plaisir à faire du bien, qu'à faire du mal ;
et répétons sans cesse : *Les richesses et les
places n'ont jamais donné la vertu, mais
la vertu a souvent donné les richesses.*

ERRATA.

A la page 7, lig. 26, au lieu de *manifester*, lisez *maintenir*.

A la pag. 14, lig. 6 et 7, *au lieu de 6
septembre 1892, lisez 2* septembre 1792,

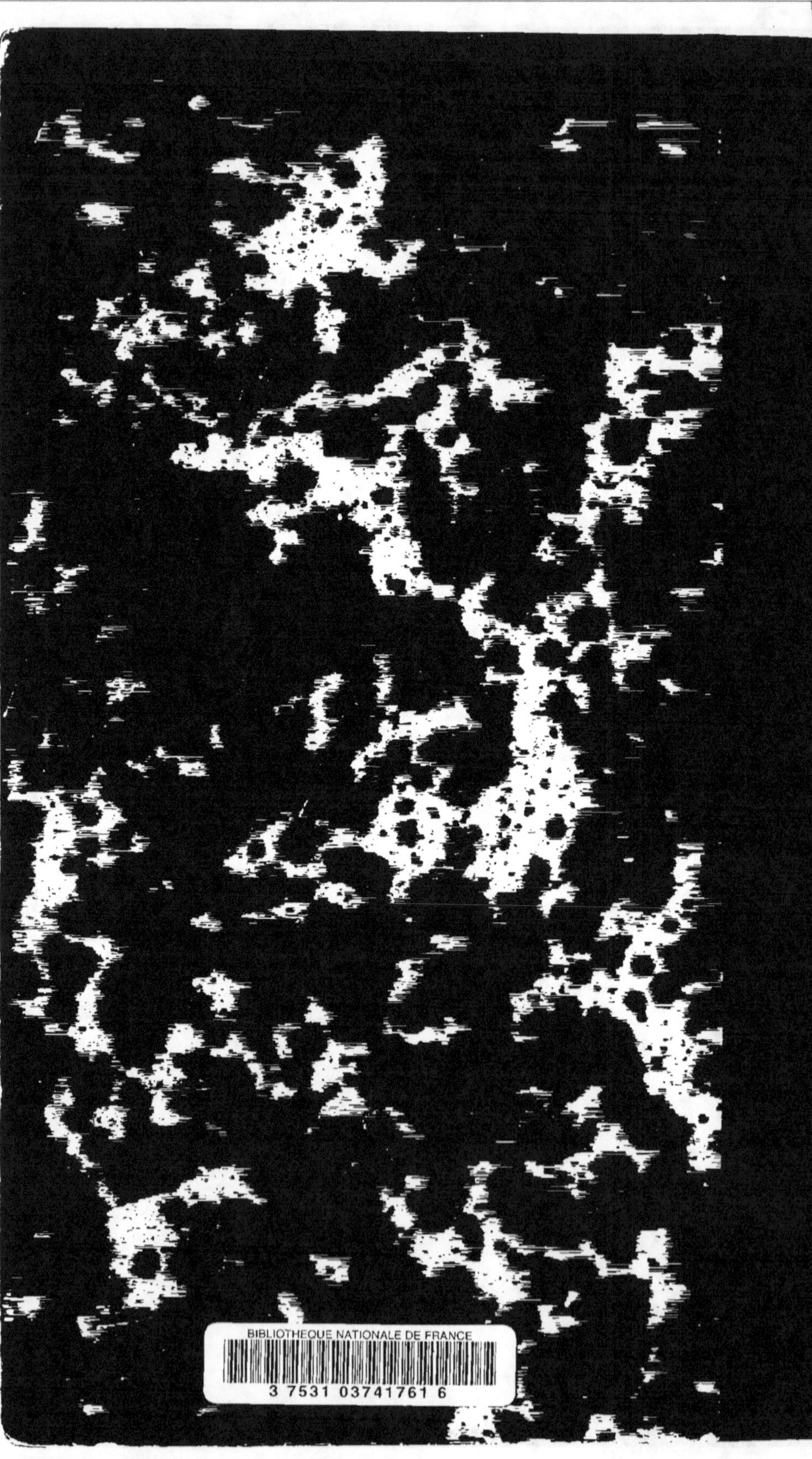